CW01655804

Η αλεπού που έχασε την ουρά της

ISBN 960-04-0985-4

Τίτλος πρωτοτύπου: *La zorra que perdió la cola*

Γ. Γενναδίου 3, 106 78 Αθήνα
Τηλ. 38.02.007

Στοιχειοθεσία – Διαχωρισμοί: ΦΩΤΟΚΥΤΤΑΡΟ Ε.Π.Ε.
Αρμοδίου 14, 105 52 Αθήνα. Τηλ. 32.44.111
Εκτύπωση: «ΠΟΣΕΙΔΩΝ», ΜΟΝΤΕΒΕΡΔΗΣ Μ. – ΑΛΕΞΟΠΟΥΛΟΣ Π. & ΣΙΑ Ε.Π.Ε.
Φαβιέρου 5, Μεταμόρφωση. Τηλ. 28.26.553

ΜΥΘΟΙ ΚΑΙ ΘΡΥΛΟΙ

Η αλεπού που έχασε την ουρά της

ΛΑ ΦΟΝΤΕΝ

Εικονογράφηση: Χοσέ Μ. Λαβαρέλο
Διασκευή: Ισίδρο Σάντσεθ

ΚΕΔΡΟΣ

Μια φορά κι έναν καιρό, ζούσε στο δάσος μια αλεπού που είχε μια πολύ όμορφη ουρά, με μακριές, μεταξένιες τρίχες. Καθισμένη μπροστά στον καθρέφτη του δωματίου της, της άρεσε να παίρνει την ουρά πάνω στα πόδια της και να τη βουρτσίζει απαλά, μία από τη μία μεριά και μία από την άλλη, για ώρες ολόκληρες.

Εκείνο το πρωί είχε πολύ δίκιο να θέλει να περιποιηθεί λίγο περισσότερο την ουρά της, γιατί μαζί με όλα τα άλλα ζώα του δάσους θα έπαιρνε μέρος σε ένα διαγωνισμό όπου θα εκλεγόταν η πιο όμορφη ουρά του δάσους.

Παρ' όλο που αργούσε, η αλεπού του παραμυθιού μας, έδεσε έναν κομψό φιόγκο στην άκρη της ουράς της και ξεκίνησε να βγει από το σπίτι της. Ξαναγύρισε όμως πίσω και κοιτάχτηκε ακόμα δυο τρεις φορές στον καθρέφτη.

Μια φορά κι έναν καιρό, ζούσε μια αλεπού που είχε μια ωραία ουρά, με μακριές, μεταξένιες τρίχες.

Εκείνο το πρωί θα έπαιρνε μέρος σ' ένα διαγωνισμό όπου θα εκλεγόταν η πιο όμορφη ουρά του δάσους.

Κοντά στο σπίτι της αλεπούς γίνονταν οι τελευταίες ετοιμασίες για να αρχίσει ο διαγωνισμός.

Είχαν στήσει μια εξέδρα ανάμεσα σε δυο χοντρούς κορμούς δέντρων. Μπροστά μπροστά είχαν βάλει στη σειρά μερικές καρέκλες που προορίζονταν για τις οικογένειες των διαγωνιζομένων που είχαν έρθει απ' όλα τα σημεία του δάσους, και τα πιο μακρινά.

Στην πρώτη σειρά κάθονταν η οικογένεια της μαμάς αρκούδας κρατώντας ένα μεγάλο πανό και χαλούσαν τον κόσμο με τις φωνές και τα γέλια τους.

Μπροστά από το σπίτι της αλεπούς είχαν στήσει την εξέδρα όπου οι διαγωνιζόμενοι θα έδειχναν την ουρά τους.

Οι οικογένειες των διαγωνιζομένων κάθονταν στις πρώτες σειρές
και ήταν αυτοί που κάνανε την περισσότερη φασαρία.

Ο λύκος, που ορίστηκε παρουσιαστής του διαγωνισμού, φορούσε ένα κομψό σμόκιν κι ένα χτυπητό κόκκινο παπιγιόν. Κοίταξε την ώρα στο ρολόι τσέπης που έβγαλε από το γιλέκο του, και μ' ένα γρήγορο πήδημα εμφανίστηκε στη σκηνή.

– Αγαπητό μου κοινό, βιάστηκε να πει από το μικρόφωνο για να σταματήσει τη φασαρία που είχε δημιουργηθεί από τα χειροκροτήματα και τα σφυρίγματα που τον καλωσόριζαν, είναι για μένα μια μεγάλη τιμή να παρουσιάσω αυτόν το διαγωνισμό, που θα αναδείξει την πιο όμορφη ουρά του δάσους. Όλοι αυτοί που παίρνουν μέρος στο διαγωνισμό μας έχουν πολλές πιθανότητες να κερδίσουν την πρώτη θέση, αλλά... – ένα δυνατό μουρμουρητό του κοινού τον έπεισε ότι έπρεπε να είναι πιο σύντομος στην παρουσίαση. Λοιπόν, αρχίζουμε. Ο πρώτος διαγωνιζόμενος: Η μαμά αρκούδα!

Ο λύκος ορίστηκε παρουσιαστής του διαγωνισμού. Φορούσε ένα κομψό σμόκιν κι ένα χτυπητό κόκκινο παπιγιόν.

Μετά από ένα μεγάλο πρόλογο, ο λύκος είπε:
– Ο πρώτος μας διαγωνιζόμενος: Η μαμά αρκούδα!

– Ωωω!! αναφώνησε η μαμά αρκούδα και ξεκίνησε την παρέλασή της στην εξέδρα, προσπαθώντας να φανεί καλά η κοντή, αλλά μεταξένια ουρά, μπροστά στους ενθουσιασμένους συγγενείς της, που χειροκροτούσαν ξέφρενα.

Μετά, ήρθε η σειρά της σκιουρίνας και έπειτα της αλεπούς. Ακολούθησαν και τα υπόλοιπα ζώα, που όλα ήταν σίγουρα πως η ουρά τους ήταν μοναδική σ' όλο το δάσος.

Η επιτροπή για την εκλογή του νικητή ήταν: το ελάφι, η κουκουβάγια, ο αγριόχοιρος και ο λαγός, οι οποίοι κάθονταν πολύ σοβαροί στη μια μεριά της εξέδρας.

– Ωωω! είπε η μαμά αρκούδα, και ξεκίνησε την παρέλαση στην εξέδρα, δείχνοντας την κοντή, μεταξένια ουρά της.

Κι όλοι αυτοί που έπαιρναν μέρος στο διαγωνισμό
ήταν σίγουροι πως είχαν την πιο όμορφη ουρά του δάσους.

Αντάλλαξαν μερικές σκέψεις μεταξύ τους, και το ελάφι σηκώθηκε και ανάγγειλε:

– Η πιο όμορφη ουρά του δάσους είναι... της αλεπούς.

Όλοι χειροκρότησαν και παραδέχτηκαν πως η ουρά της αλεπούς ήταν πράγματι η ωραιότερη.

Μετά η κουκουβάγια ανέβασε στην εξέδρα μια περίπλοκη φωτογραφική μηχανή και τράβηξε μια φωτογραφία ακριβώς τη στιγμή που ο λύκος έδινε το κύπελλο στο νικητή. Η φωτογραφία θα έμπαινε την άλλη μέρα στην πρώτη σελίδα της εφημερίδας του δάσους.

Οι κριτές αποφάσισαν και το ελάφι ανάγγειλε το αποτέλεσμα:
– Η πιο όμορφη ουρά του δάσους είναι... της αλεπούς.

Καθώς η κουκουβάγια τράβαγε φωτογραφίες και όλοι χειροκροτούσαν, η αλεπού πήρε το κύπελλο που προοριζόταν για το νικητή.

Το βλέμμα της αλεπούς, μόλις άνοιξε τα μάτια της την άλλη μέρα, στράφηκε στο κύπελλο που είχε κερδίσει στο διαγωνισμό. Το είχε ακουμπήσει στο κομοδίνο πριν να κοιμηθεί.

Μετά από λίγο, ένιωσε κάτι συνηθισμένους θορύβους στο στομάχι της και σκέφτηκε πως ήταν ώρα να επισκεφτεί ένα γειτονικό αγρόκτημα, όπου πολύ συχνά εξασφάλιζε το πρωινό της.

Πλησίασε με πολλή προσοχή. Οι κότες όμως κατάλαβαν την παρουσία της και άρχισαν να κακαρίζουν. Επειδή φοβόταν πως μπορούσε να έρθει ο αγρότης, η αλεπού, χωρίς να το πολυσκεφτεί, προσπάθησε να περάσει με το κεφάλι μέσα στο αγρόκτημα από μια τρύπα στο φράχτη, που νόμιζε ότι μόνο αυτή ήξερε.

Το άλλο πρωί η αλεπού κοίταγε το κύπελλό της με καμάρι.
Ένιωθε όμως και μια μεγάλη πείνα!

΄Ετσι σύρθηκε σ' ένα κοντινό κοτέτσι
που πολλές φορές της εξασφάλιζε το πρωινό της.

Δεν άργησε όμως να καταλάβει πως και ο αγρότης γνώριζε την ύπαρξη της τρύπας απ' όπου συνήθιζε να μπαίνει η αλεπού, γιατί, όταν είχε περάσει σχεδόν ολόκληρη από την άλλη μεριά του φράχτη, η ουρά της πιάστηκε σε μια παγίδα που ήταν κρυμμένη στο χορτάρι.

Αφού της πέρασε ο πόνος, η καημένη αλεπού μόνο ένα πράγμα σκεφτόταν: την ουρά της! που είχε βραβευτεί στο διαγωνισμό και τώρα ήταν πιασμένη στην παγίδα.

Ο αγρότης όμως, που είχε ανακαλύψει την τρύπα από όπου έμπαινε η αλεπού, της είχε ετοιμάσει παγίδα.

Η καημένη αλεπού είχε παγιδευτεί. Η όμορφη ουρά της,
που βραβεύτηκε στο διαγωνισμό, είχε πιαστεί σε μια παγίδα.

Οι κότες σταμάτησαν να κακαρίζουν και πλησίασαν πολύ κοντά στην αλεπού.

– Πρέπει να έχεις χοντρύνει από την τελευταία φορά που ήρθες, γέλασε η μία.

– Εγώ νομίζω πως αυτό που έπαθε η καλή μας φίλη η αλεπού, είναι ότι έχασε ξαφνικά την όρεξή της, πρόσθεσε η άλλη.

Η αλεπού προσπάθησε να μη δώσει σημασία στις κότες και στα αστεία τους, λέγοντας μέσα της πως αν κατάφερνε να βγάλει την ουρά από την παγίδα θα ήταν αυτή που θα γελούσε τελευταία και γι' αυτό θα γελούσε καλύτερα.

Έτσι, λοιπόν, άρχισε να τραβάει την ουρά της με όλη της τη δύναμη, και μετά από λίγο κατάφερε να ελευθερωθεί... αλλά με τίμημα την ωραία ουρά της, που έμεινε πιασμένη στην παγίδα!

Οι κότες άρχισαν να κοροϊδεύουν την αλεπού.
– Έχεις χοντρύνει και δεν μπορείς πια να περάσεις, κακάριζαν.

Προσπαθώντας με όλες τις δυνάμεις της, κατάφερε να ελευθερωθεί, αλλά έμεινε χωρίς τη φουντωτή και μεταξένια ουρά της.

Μπορείτε να φανταστείτε τη στενοχώρια της καημένης μας της αλεπούς! Έφυγε τρέχοντας προς το σπίτι της. Φοβόταν μην τη δει κανείς, γιατί τότε θα μάθαιναν όλοι ότι η αλεπού που είχε την πιο ωραία ουρά του δάσους... δεν είχε πια ουρά.

Ο καλός αρκούδος έτυχε να περνάει από το δρόμο, πολύ κοντά στο σπίτι της, όταν αυτή νόμιζε ότι ήταν μόνη και ασφαλής.

– Καλημέρα, κυρία αλεπού, τη χαιρέτησε. Τα συγχαρητήριά μου! για να τη νίκη σας στον αγώνα.

– Ευ... ευχαριστώ, τραύλισε αυτή προσπαθώντας να μην του δείξει την πλάτη της.

Μόλις έφυγε ο αρκούδος, με ένα πήδημα μπήκε στο σπίτι της και υποσχέθηκε στον εαυτό της πως δε θα ξανάβγαινε για πολύ καιρό.

Τι στενοχώρια ένιωσε η αλεπού! Σε λίγο θα μαθαίνανε όλοι στο δάσος πως είχε μείνει χωρίς ουρά.

Όταν ο καλός αρκούδος της έδωσε συγχαρητήρια για την επιτυχία της...
– Ευχαριστώ, είπε, προσπαθώντας να μη δει ότι δεν έχει πια ουρά.

Μετά όμως από λίγες μέρες, είχαν τελειώσει όλες οι προμήθειες που είχε στο σπίτι της, και αναγκάστηκε να βγει για να βρει μια λύση στο μεγάλο πρόβλημα της καθημερινής τροφής.

Άνοιξε σιγά σιγά την πόρτα κι έβγαλε προσεκτικά πρώτα το κεφάλι, για να δει αν βρισκόταν εκεί κοντά κανένας γείτονάς της.

Είχε πέσει όμως το βράδυ και δεν υπήρχε πια κίνδυνος να τη δει κανείς στο δάσος, και να μάθει πως είχε χάσει τη μακριά, μεταξένια ουρά της.

Κλείστηκε στο σπίτι για να μην τη δει κανείς, αλλά της τελείωσαν οι προμήθειες και αναγκάστηκε να βγει πάλι στο δάσος.

´Εβγαλε το κεφάλι προσεκτικά και σκέφτηκε πως, μια κι είχε νυχτώσει, κανένας δε θα έβλεπε πως είχε χάσει την ουρά της.

Μόλις απομακρύνθηκε λίγα βήματα από το σπίτι της, σκέφτηκε ότι ξαναγύρισε η τύχη της, γιατί ανακάλυψε κάτι να βάλει στο στόμα της.

Δεν μπορούμε να πούμε πως ήταν ο καλύτερος μεζές, γιατί ήταν ένα πουλί με περισσότερα κόκαλα και φτερά παρά κρέας. Σκέφτηκε όμως πως μετά από τόσες μέρες χωρίς τροφή κι αυτό ακόμα της ήταν αρκετό, και το πλησίασε με προσοχή.

Αλλά ήταν άτυχη γιατί, ενώ είχε σχεδόν τσακώσει το πουλί γλίστρησε κι ώσπου να σηκωθεί, αυτό βρήκε την ευκαιρία και πέταξε μακριά.

Ανακάλυψε γρήγορα κάτι να βάλει στο στόμα της.
Ήταν ένα πουλί αδύνατο, που το πλησίασε με μεγάλη προσοχή.

Όμως ήταν άτυχη, γλίστρησε, ενώ είχε σχεδόν αρπάξει το πουλί,
και το είδε να πετάει μακριά.

Μπήκε μετά στο δάσος με την ελπίδα ότι θα βρει κάτι για φαγητό, όταν είδε μια παρέα από αλεπούδες. Ξαφνικά της ήρθε μια ιδέα για να μην ντρέπεται, επειδή είχε μείνει χωρίς ουρά.

– Σε συγχαίρω για τη νίκη σου, είπε η μια.

– Μπα! είπε αυτή, δεν ήταν τίποτα σπουδαίο. Στην πραγματικότητα, για το μόνο πράγμα που χρειαζόμαστε την ουρά είναι για να σκουπίζουμε το δάσος μ' αυτήν και να τη βρομίζουμε με τη σκόνη.

– Μα εσύ δεν ήσουνα που καμάρωνες τόσο την ημέρα του διαγωνισμού; είπε με έκπληξη η αλεπού.

– Έτσι είναι. Τελικά όμως κατάλαβα. Το μόνο που μου πρόσφερε το άχρηστο αυτό βάρος ήταν να μεγαλώνει την ματαιοδοξία μου. Πιστέψε με. Πρέπει να κόψουμε όλες την ουρά μας για να απαλλαγούμε απ' αυτή την ενόχληση.

Πεινασμένη και χωρίς ουρά, προσπάθησε να πείσει τις υπόλοιπες πως η ουρά ήταν ενοχλητική και έπρεπε να την κόψουν.

Αλλά οι αλεπούδες, που ήταν κι αυτές πολύ έξυπνες, είπαν:
– Καλή ιδέα! Θα το κάνουμε άμα γυρίσεις να σε δούμε κι από πίσω.

Η καημένη αλεπού αναγκάστηκε να γυρίσει
και να δεχτεί την κοροϊδία και τα γέλια τους.

– Η άποψή σου αξίζει να συζητηθεί. Πριν όμως πάρουμε μια απόφαση τόσο σημαντική, και κόψουμε τις ουρές μας, θέλω να σου ζητήσω μια χάρη. Να γυρίσεις την πλάτη, είπε μία από τις αλεπούδες.

Η καημένη η αλεπού αναστατώθηκε τόσο πολύ, που οι άλλες κατάλαβαν πως η πρότασή της δεν είχε άλλο σκοπό από το να τις ξεγελάσει.

Ακολούθησαν τέτοια γέλια και φωνές, και η αλεπού έφυγε τρέχοντας για το σπίτι της.

Μετά από την ατυχία της αλεπούς του παραμυθιού μας, η ουρά συνεχίζει μέχρι σήμερα να είναι της μόδας για όλες τις αλεπούδες. Έτσι, από τότε οι αλεπούδες και οι ουρές τους έζησαν καλά κι εμείς καλύτερα.

Μετά από την ατυχία, η αλεπού μας συνέχισε να ζει χωρίς ουρά, ούτε κατάφερε να πείσει και τις υπόλοιπες να κόψουνε τη δική τους.

ΜΥΘΟΙ ΚΑΙ ΘΡΥΛΟΙ

21 ΒΙΒΛΙΑ

Η ΠΛΗΡΕΣΤΕΡΗ ΠΑΙΔΙΚΗ ΒΙΒΛΙΟΘΗΚΗ ΤΩΝ ΚΛΑΣΙΚΩΝ ΚΑΙ ΛΑΪΚΩΝ ΜΥΘΩΝ ΚΑΙ ΘΡΥΛΩΝ

ΚΕΔΡΟΣ
το παιδικό βιβλίο

35 ΚΛΑΣΙΚΑ ΠΑΡΑΜΥΘΙΑ ΕΙΚΟΝΟΓΡΑΦΗΜΕΝΑ

- Ο ΑΛΑΝΤΙΝ ΚΑΙ ΤΟ ΛΥΧΝΑΡΙ
- Ο ΑΛΗ ΜΠΑΜΠΑΣ ΚΑΙ ΟΙ ΣΑΡΑΝΤΑ ΚΛΕΦΤΕΣ
- Η ΑΛΙΚΗ ΣΤΗ ΧΩΡΑ ΤΩΝ ΘΑΥΜΑΤΩΝ
- Ο ΓΕΝΝΑΙΟΣ ΡΑΦΤΑΚΟΣ
- Η ΚΟΚΚΙΝΟΣΚΟΥΦΙΤΣΑ
- Ο ΚΟΝΤΟΡΕΒΙΘΟΥΛΗΣ
- Ο ΠΑΠΟΥΤΣΩΜΕΝΟΣ ΓΑΤΟΣ
- ΠΙΝΟΚΙΟ
- ΠΙΤΕΡ ΠΑΝ
- ΣΕΒΑΧ Ο ΘΑΛΑΣΣΙΝΟΣ
- ΤΑ ΤΡΙΑ ΓΟΥΡΟΥΝΑΚΙΑ
- Η ΧΡΥΣΟΜΑΛΛΟΥΣΑ ΚΑΙ ΟΙ ΤΡΕΙΣ ΑΡΚΟΥΔΕΣ
- ΤΟ ΑΗΔΟΝΙ ΤΟΥ ΑΥΤΟΚΡΑΤΟΡΑ
- ΤΟ ΑΣΧΗΜΟΠΑΠΟ
- Η ΚΟΙΜΩΜΕΝΗ ΒΑΣΙΛΟΠΟΥΛΑ
- Ο ΜΟΛΥΒΕΝΙΟΣ ΣΤΡΑΤΙΩΤΗΣ
- Η ΠΡΙΓΚΙΠΙΣΣΑ ΚΑΙ ΤΟ ΡΕΒΙΘΙ
- Η ΣΤΑΧΤΟΠΟΥΤΑ
- Η ΤΟΣΟΔΟΥΛΑ
- ΧΑΝΣΕΛ ΚΑΙ ΓΚΡΕΤΕΛ
- Η ΧΙΟΝΑΤΗ ΚΑΙ ΟΙ 7 ΝΑΝΟΙ
- Ο ΓΙΑΝΝΗΣ ΠΟΥ ΔΕΝ ΗΞΕΡΕ ΤΟ ΦΟΒΟ
- Ο ΡΙΚΕ ΜΕ ΤΟ ΤΣΟΥΛΟΥΦΙ
- Ο ΑΥΛΗΤΗΣ ΤΟΥ ΧΑΜΕΛΙΝ
- ΤΟ ΚΟΡΙΤΣΑΚΙ ΜΕ ΤΑ ΣΠΙΡΤΑ
- Η ΜΙΚΡΗ ΓΟΡΓΟΝΑ
- Ο ΛΥΚΟΣ ΚΑΙ ΤΑ ΕΦΤΑ ΚΑΤΣΙΚΑΚΙΑ
- ΤΑ ΚΑΙΝΟΥΡΙΑ ΡΟΥΧΑ ΤΟΥ ΑΥΤΟΚΡΑΤΟΡΑ
- Ο ΓΚΙΟΥΛΙΒΕΡ ΣΤΗ ΛΙΛΙΠΟΥΤΙΑ
- ΟΙ ΤΡΕΙΣ ΚΛΩΣΤΡΕΣ
- Ο ΤΖΑΚ ΚΙ Η ΦΑΣΟΛΙΑ
- ΓΟΥΛΙΕΛΜΟΣ ΤΕΛΛΟΣ
- Η ΚΟΤΑ ΜΕ ΤΑ ΧΡΥΣΑ ΑΥΓΑ
- Η ΒΑΣΙΛΙΣΣΑ ΤΟΥ ΧΙΟΝΙΟΥ
- Ο ΠΑΠΟΥΤΣΗΣ ΚΑΙ ΟΙ ΝΑΝΟΙ

ΓΙΑ ΟΛΕΣ ΤΙΣ ΗΛΙΚΙΕΣ

ΚΕΔΡΟΣ
το παιδικό βιβλίο